MOMIE,

OPERA BURLESQUE,

PARODIE D'IPHIGENIE,

OPERA.

MOMIE,
OPERA BURLESQUE,
PARODIE D'IPHIGENIE,
OPERA,
EN TROIS ACTES, EN PROSE

ET EN VAUDEVILLES.

Par M. DESPREAUX, Pensionnaire du ROI.

Représentée devant leurs MAJESTÉS, *à Choisy en Août* 1778.

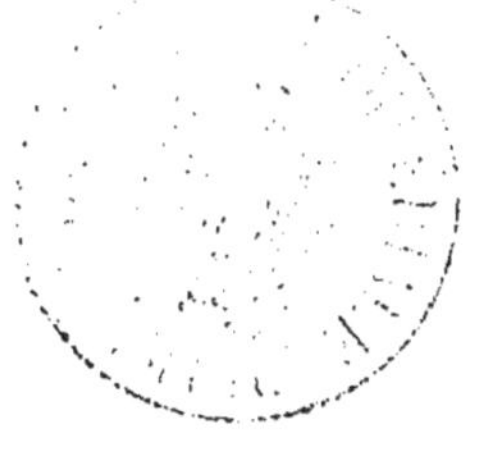

DE L'IMPRIMERIE

De P. R. C. BALLARD, seul Imprimeur de la Musique du ROI, des Menus Plaisirs de SA MAJESTÉ, & de Monseigneur & Madame la Comtesse D'ARTOIS.

Par exprès Commandement de SA MAJESTÉ.

PERSONNAGES

DANSANS.

ACTE PREMIER.

GUERRIERS PÉRUVIENS.

LES SIEURS.

LE BRETON, LEDOUX, DOSSION, LAVAL, f. LEGER, TRUPTI, FABRE, PETIT, ABRAHAM, GIGUET, GUILLET, DUCEL, DUCHENE, SIMONET, LEBEL, CASTER, MÉON.

PÉRUVIENNES.

LES DEMOISELLES.

GODEAU, CRÉPEAU, PUISIEUX, ELISE, AUGUSTE.

ACTE SECOND.

DANSEUR CHINOIS.

Le Sr. DAUBERVAL.

DANSEUSE CHINOISE.

La Dlle. HEINEL.

PIROUETTEURS.

Les Srs. VESTRIS f. FABRE.

SAUTEURS.

Les Srs. MARCADET, ABRAHAM, LEDOUX.

GLADIATEURS ET CUISINIERS.

Les Srs. DOSSION, LAVAL, f. DUCHENE, GUILLET,

MENEUR D'OURS.

Le Sr. SIMONET.

OURS ET LUTEURS.

Les Srs. LEBRETON, LEBEL.

PORTEURS DE PRÉSENS.

Les Srs. PETIT, DUCEL, CASTER.

GARDES.

Les Srs. LEGER, TRUPTI, GIGUET, MÉON.

FILLES DU FAUXBOURG.

Les Dlles. DORIVAL, CÉCILE, COULON, GIBASSIER, REINE.

ACTE TROISIEME.

GRANDS PRÊTRES.

Les Srs. FABRE, PETIT.

ENFANS, *pour le sacrifice.*

Le Sr. DOSSION f., la Dlle. POUPONNE, le Sr. CONDÉ.

SUIVANTES DE MOMIE EN DEUIL.

Les Dlles. DESBROSSES, ELISE, COULON, GIBASSIER.

PÉRUVIENNES.

Les Srs. GARDEL l., DAUBERVAL.

CRÉOLES.

Les Dlles. CÉCILE ET DORIVAL.

GUERRIERS PÉRUVIENS.

Les Srs. LEDOUX, LEGER, DOSSION, LAVAL f., TRUPTI; GUILLET, GIGUET, CASTER.

ACTEURS.

RODOMONT, *Roi du Pérou.*	Le Sr. Rosiere.
PIÉGRIÉCHE, *Reine.*	La Dlle. Gontier.
MOMIE, *Fille de Rodomont.*	La Dlle. Guimard.
AGILE, *Amant de Momie, Roi du Méxique.*	Le Sr. Dugazon.
ESTOC, *ami d'Agile.*	Le Sr. Desessarts.
CACHE-CACHE, *grand Prêtre de la Lune.*	Le Sr. Gardel J.
COCASSE, *Confident de Rodomont.*	Le Sr. Despreaux.
LA LUNE.	Le Sr. Desessarts.
PÉRUVIENNE.	La Dlle. Desbrosses.
FILLES DU FAUXBOURG.	Les Dlles. Dorival & Cécille.

(La scene se passe au Pérou.)

MOMIE, OPERA BURLESQUE.

ACTE PREMIER.

Le Théâtre représente une Place Publique.

SCÈNE PREMIERE.

RODOMONT, *seul.*

Air : *Pour fléchir une None austère.*

Vous avez beau dire & beau faire,
Non barbare déité
C'est trop de cruauté ;
Non, c'est une impiété,
Que j'aille, pour vous satisfaire
Assassiner mon enfant.
Moi, lui percer le flanc.

Non, vraiment.
Si par un crime il faut vous plaire
C'eſt une exécration,
Votre condition
Eteint mon ambition,
Honneurs,
Grandeurs,
Je renonce à tout, oui,
Ce forfait eſt inoui.

Vous avez beau, &c.

Air: *Ah! le bel oiſeau Maman.*

Brillant Soleil, (*Bis.*
Ah! ſoit ſenſible à ma peine,
Brillant Soleil, (*Bis.*)
Dieu qui n'a pas de pareil.
Eclaire bien mon Laquais
Sur la route de Cayenne,
Afin que par tes reflets
Il reconnoiſſe la Reine.

Et qu'il lui diſe.

Air: *Robin turelure.*

N'allez pas plus en avant
Votre époux vous en conjure,
Agile eſt un inconſtant,
Turelure,
Qui vient de changer d'allure
En voyant une autre figure.

Mais si ma fille arrive dans ces lieux je ne sçai comment la tirer de là, il m'est impossible de la sauver des mains de Cache-Cache, des Péruviens & de la Lune.

SCÈNE II.

RODOMONT, CACHE-CACHE, PEUPLES.

CHŒUR DE PÉRUVIENS.

Air : *Dans ma jeunesse.*

PLUS de silence
C'est trop nous balotter,
Vous voulez chipoter,
Il faut, sans hésiter,
A l'instant tout conter
Sans faire résistance.

CACHE-CACHE.

Cessez de me tarabuster.

CHŒUR.

Il faut nous instruire,
Il faut tout nous dire,
Il faut nous prédire.

CACHE-CACHE.

Grands Dieux quel délire,
Holà, holà, } (Bis.)
Paix, paix, paix-là. }

Je me ſens en train de parler, je vais vous ſatisfaire, mais de grace, ne faites pas tant de bruit.

RÉCITATIF, *en ſe tâtant le poulx.*

Ha, ha, mon ſang circule avec plus de douceur,
Quelle tranquilité, quel charme inconcevable,
Il s'irrite, il s'enflamme, ah! ciel! quelle fureur;
Je me ſens poſſédé, Déeſſe redoutable,
Je vous entend mugir
Je vais vous obéir.

Air: *De la Fanfare de St. Cloud.*

Tu veux que ma main tremblante
S'arme du ſacré couteau,
Que d'une fille charmante
Je devienne le boureau;
Il te faut ce ſacrifice,
Cela ſeul peut t'appaiſer,
Moi qui ſuis à ton ſervice
Je ne peux te refuſer.

Air: *Vous allez voir ce que vous allez voir.*

O, ô vous allez voir ce que vous allez voir,
O vous allez ſavoir ce que l'on va ſavoir,
O vous allez vouloir & puis ne plus vouloir,
O pere au déſeſpoir, peuple trop plein d'eſpoir,
O vous allez déchoir & puis vous émouvoir.

Je ſuis ſûr que vous n'aurez pas le cœur de l'égorger.

CHŒUR.

Air : *Margoton ma mie.*

Quel eſt la victime,
Dites nous ſon nom ;
Nous n'entendons ni raiſon,
Ni raiſon, ni raiſon, ni raiſon, ni rime,
Nous n'entendons point raiſon,
Allons ſans façon
Dites-nous ſon nom.

CACHÉ-CACHE.

Ne vous embarraſſez de rien, je vous réponds qu'avant la fin du jour elle ſera expédiée.

Avec le CHŒUR.

O vous allez voir, &c.
(*Les Péruviens s'en vont.*)

SCENE III.

CACHE-CACHE, RODOMONT.

CACHE-CACHE.

Vous voyez qu'ils n'entendent pas raiſon, vous ſavez que là Lune a juré qu'une ſéchereſſe éternelle déſoleroit ce pays; vous ſavez qu'on ne peut l'appaiſer que par le ſang de votre fille, craignez la Lune & le Soleil.

RODOMONT.

Ah! laiſſez-moi tranquile avec vos planettes.

CACHE-CACHE.

Comment vous rebifez! prenez garde à vous, vous en ſeriez la dupe, je vous conſeille d'obéir à leurs fantaiſies.

RODOMONT.

Air : *Dans ce doux aſyle*, de Caſtor & Pollux.

Il eſt impoſſible
Que les Dieux ordonnent des forfaits,
Ce ſeroit horrible,
Non je ne le croirai jamais,

Vous déraisonnez.
Ou badinez.
Il faudroit que je fus fou
D'aller couper le cou....
Allez, vous êtes fou,
Non, non.

Air: *Pierre Bagnolet.*

C'est trop inhumain, vous avez beau dire,
Je n'obéirai jamais à vos Dieux.

CACHE-CACHE.

Vous ne pouvez plus vous en dédire,
Pour vous j'ai donné parole aux Cieux.

RODOMONT.

J'ai changé d'avis, vous avez beau dire,
Je n'obéirai jamais à vos Dieux.

CACHE-CACHE.

Mais vous risquez de perdre l'Empire,
Il ne faut pas s'obstiner contr'eux.

RODOMONT.

Je ne le veux pas, vous avez beau dire,
Je n'obéirai jamais à vos Dieux.

CACHE-CACHE.

Vous avez donné votre parole d'honneur.

RODOMONT.

Je sais fort bien ce que j'ai dit, tenez, nous allons faire un arrangement, si ma fille vient jusqu'ici, je ne demande pas mieux qu'on l'égorge, mais...

CACHE CACHE.

Vous voulez rompre les chiens avec vos détours, vous croyez donc que la Lune n'y voit pas; toutes vos précautions seront inutiles si elle veut que Momie expire. Ecoutez, la voilà.

CHŒUR DE PÉRUVIENS, *qui traversent le Théâtre.*

Air : *Bastien & Bastienne.*

Voilà Piégriéche & sa fille,
On dit qu'elle est bien gentille;
Voilà Piégriéche & sa fille,
Courons voir tous ses appas.

RODOMONT.

Grand Dieu quel embarras,
Je frémis ma pauvre fille;
Grand Dieu quel embarras
Pour la sauver du trépas.

CACHE-CACHE.

Air : *Marche des Bostangis.*

Vous faites le hautain
Vous secouez la tête,

Apprenez, Monſieur le mutin,
Que la foudre s'apprête
Et va peut-être d'un coup bref,
Ecrâſer votre chef.
Vu que vous êtes roi,
Vous vous mocquez de moi
Et vous bravez ma loi;
Bientôt au bruit de la tempête,
Rempli d'effroi,
Pour calmer mon courroux
Vous voudrez filer doux,
Devant moi vous ferez la bête
A deux genoux.

SCENE IV.

MOMIE ET PIÉGRIÉCHE, *arrivent dans un char traîné par des animaux.*

(Pendant le CHŒUR ci-dessous.)

Air : *Menuet du Roi de Prusse.*

RODOMONT, *en s'en allant avec Cache-cache.*	CACHE-CACHE, *à part.*
Je ne sais que devenir, Ma fille me fait frémir ; Pour la sauver du trépas, Dieu quel embarras !	Il ne fait que devenir, Sa fille le fait frémir ; Pour la conduire au trépas, Ne le quittons pas.

CHŒUR DE PEUPLE.

Même air que ci-dessus.

Que d'attraits ! que de beauté !
C'est une Divinité,
Voyez son nez son menton,
Et son pied mignon :
Ah ! grands Dieux !
Qu'elle a de beaux yeux !
Les beaux bras !
Ah ! qu'elle a d'appas ?
On se dit en la voyant,
La charmante enfant !

PIÉGRIÉCHE

Air : *Reçois dans ton galletas.*

Que j'aime cette rumeur
Qu'on fait pour te rendre hommage !
Ma chere enfant, que c'est flateur !
On n'entend rien, c'est bien dommage.
Ma chere enfant, que c'est flatteur
De s'entendre chanter en chœur ! (*bis*)

Attendez-moi dans cette rue, ma fille ; faites bonne mine à tout le monde ; votre pere n'est pas bien matinal, je vais voir s'il est levé. (*Elle sort. On reprend avec le Chœur.*)

Que d'attraits, &c.

SCÈNE V.

PÉRUVIENS, PÉRUVIENNES, MOMIE.

UNE PÉRUVIENNE.

Air : *Cantique de Saint Roch.*

JADIS devant Pâris le beau jeune homme,
On vit du Ciel defcendre trois Beautés ;
Junon, Minerve & Vénus étoient comme
Vous penfez bien font trois Divinités ;
Par votre gefte,
Votre air modefte,
En vérité
Vous l'auriez emporté.

II.

Junon avoit la beauté romanefque ;
Mais fon air froid, ma foi, ne tentoit pas ;
Minerve avoit la taille gigantefque,
Vénus montroit un peu trop fes appas ;
Votre tournure,
Votre encolure,
Vaut cent fois mieux
Que ces Dames des Cieux.

III.

A qui peut-on marier cette belle ;
Eft-il quelqu'un qui puiffe la valoir!

Agile ſeul me paroît digne d'elle,
C'eſt un garçon qui donne de l'eſpoir ;
Rien de ſi leſte,
Rien de ſi preſte,
Il eſt parfait,
Grand, fort, ferme & bien fait.

MOMIE.

Air : *Sentir avec ardeur.*

Je m'enuie en ces lieux
Ces chants & ces danſes
Ne flattent point mes yeux ;
Ces ſauts, ces cadences,
Ces réjouiſſances,
Tout m'ennuie en ces lieux,
Ces chants & ces danſes
Me ſortent par les yeux.

Majeur.

Agile ne viendra-t-il pas ?
Hélas ! Hélas !
Quel embarras !
Je ſens mon ame inquiette,
Et malgré moi je répette,
Hélas ! hélas !
Il ne vient pas !

Mineur.

Je m'enuie en ces lieux,
Ces chants & ces danſes
Me ſortent par les yeux.

SCENE VI.

PIÉGRIECHE, MOMIE

PIÉGRIÉCHE.

(*Au Peuple.*) (*A sa fille.*)
PSIT.... Allez... Il faut retourner chez nous ma fille.

MOMIE.

Partir sans voir mon amoureux !

PIÉGRIÉCHE.

Vous devez le mépriser, c'est un freluquet, un coureur qui s'est épris pour une autre que vous, Rodomont votre pere, pour nous éviter la peine de venir jusqu'ici, avoit envoyé un commissionnaire au devant de nous ; comme nous nous sommes perdues en chemin, il ne nous a pas trouvé, mais je viens de le rencontrer qui revenoit, je sais ce qui en est.

MOMIE, *pleurante.*

Ho ! ha ! ho ! il me hait.

PIÉGRIÉCHE.

Air : *De la chasse de Zaïde.*

Mon enfant,
Il faut hair cet inconstant,
Partir dans le moment
Sans attendre un instant ;

Mépriſer un impertinent,
Mon enfant :
Il faut haïr cet inconſtant,
Partir dans le moment
Sans attendre un inſtant,
Mépriſant
L'inſolent,
Et dorénavant
Ne pas croire aux ſermens
Des amans :
Il faut vous armer en ce jour
Pour chaſſer l'Amour
Qui vous a fait un ſi vilain tour,
Le mépriſer
Et le chaſſer,
Le déteſter
Dorénavant,
Ne pas croire aux ſermens
Des amans.

(*Elle ſort.*)

SCÈNE VII.

MOMIE, *seule.*

Air : *Y a coup de pieds y a coup de poings.*

GRANDS Dieux ! l'ai-je bien entendu !
Ciel ! quel malheur innattendu !
Je ne ſais ſi je dois le croire ;
D'où lui viendroit ce vertigo ,
Il me prend donc pour un zéro ?
Non , c'eſt un quiproquo , (*bis.*)
On a voulu faire une hiſtoire.

Air : *La bonne avanture.*

Au lieu d'un amant conſtant ,
Je trouve un parjure ;
Au lieu d'un beau compliment
Il me fait injure ;
Au lieu de me marier ,
Au nez l'on va me crier ,
La belle avanture au gué !
La belle avanture.

SCENE

SCÈNE VIII.

AGILE, MOMIE.

AGILE.

Air : *Noel suisse.*

AH, Ciel ! quelle vue!
Momie en ces lieux !
Ai je la brelue,
En croirai-je mes yeux ?

MOMIE.

Oui, Monsieur, c'est moi ;
Mais calmez votre effroi,
Je ne prétends pas
Faire d'embarras,
J'attends ma voiture.

AGILE.

D'où vient ce murmure?

MOMIE.

D'une autre figure
Vous faites grand cas,
Cela, je vous jure,
Ne me touche pas.

AGILE.

Air : *Or dites nous Marie.*

De cette calomnie
Daignez nommer l'auteur,

MOMIE.

Aprés m'avoir trahie
Vous faites le mocqueur;
A votre bonne amie
Allez faire la cour.

AGILE.

Pour d'autres que Momie
Je ne fens point d'amour.

Ah! c'eft trop fort : que vous foyez capricieufe, cela ne m'étonne pas; mais m'accufer d'inconftance moi! c'eft vous qui voulez changer.

MOMIE.

Air : *Si jamais je prends un époux.*

Pouvez-vous douter de mon cœur?
Hélas! vous favez s'il vous aime?
De vous voir il fait fon bonheur:
Le votre hélas! n'eft pas de même.

AGILE.

Vous tâchez de donner une bonne tournure à cela, mais le fait eft que vous me déteftez.

Air : *Le gros Lucas.*

Cruelle ! d'où vous vient cet air ?
Vous faites la grimace ;
Il faut que vous ſoyez de fer,
Ou de marbre, ou de glace,
Et pour jouer l'amour jaloux,
Vous m'accuſez de froid pour vous ;
C'eſt vous, c'eſt vous, c'eſt vous,
Qui ne ſentez rien de cela,
Là, là,
Oh, oh ; oh, ah, ah, ah,
Regardez comme la voilà,
Là, là,
Oh, oh, oh, ah, ah, ah,
C'eſt un vrai rocher que cela,
Là, là,
Oh, oh, oh ; ah, ah, ah,
Eſt-ce une femme que voilà,
Là, là,
Oh, oh, oh, ah, ah, ah,
C'eſt de la neige que cela,
Là, là,

MOMIE, *l'interrompant.*

Ma colere, mon dépit, ma rage, ma jalouſie, mes regards, ma tête évaporée, mon déraiſonnement, tout vous fait voir que je ne demande pas mieux que de vous croire.

DUO.

AGILE.

Air : *Le long d'un bois Colin passoit.*

J'aimerois mieux perdre le jour
Que d'être infidele à l'Amour,
Oui, oui perdre le jour,
Non sans vous je n'ai point de bonheur.

AGILE.

Oui, vous serez de mon cœur toujours maitresse ;
Je ne connois rien de plus doux
Pour deux amans que l'Amour blesse,
Que de dire sans cesse,
Que de dire sans cesse,
Je n'aimerai que vous.

MOMIE.

Vous regnerez dans mon cœur
J'en fais promesse ;
Je ne connois rien de plus doux
Pour deux amans que l'Amour blesse,
Que de dire sans cesse,
Que de dire sans cesse,
Je n'aimerai que vous.

Fin du premier Acte.

ACTE II.

Le Théâtre représente un Jardin.

SCENE PREMIERE.

MOMIE ET SES FEMMES DE CHAMBRE.

CHŒUR DE FEMMES.

Air : *Des Pendus.*

POURQUOI vous mettre au déſeſpoir
Serrez ſerrez votre mouchoir,
Ne pleurez plus Mademoiſelle,
Votre amant n'eſt point infidele,
Ce ſoir il ſoupera chez vous ;
Demain il ſera votre époux.

MOMIE.

Je n'en crois rien, on lui a dit que mon pere le ſoupçonnoit d'infidélité pour mes appas, Agile eſt allé lui parler, ils ont la tête près du bonnet cela finira mal.

UNE FEMME DE CHAMBRE.

Air : *L'Amour caché dans un buiſſon.*

J'ai vu l'autre jour ſur les toits,
Le chat le plus farouche ;
Vînt une chatte en tapinois,
Tout auſſitôt l'amour le touche,
Ce Dieu ſéduit Bergers & Rois,
L'éléphant & la mouche.

CHŒUR.

Air : *Des pendus.*

Pourquoi vous mettre au déſeſpoir,
Serrez, &c.

MOMIE.

Air : *Jardinier ne vois-tu pas.*

A mes ſoupçons vainement
Vous donnez la déroute.

UNE FEMME DE CHAMBRE.

Agile vous aime tant,
Qu'il reviendra dans l'inſtant.

MOMIE.

J'en doute, j'en doute, j'en doute.

Air : *C'eſt la Fille à Simonette.*

Mon cœur eſt une balance,
Pleine de crainte & d'eſpoir,
Plus la crainte a de puiſſance,
Moins l'eſpoir a de pouvoir,
Amour remet l'équilibre
Dans ce cœur trop amoureux,
S'il pouvoit devenir libre,
Il en ſeroit plus heureux.

SCÈNE II.

PIÉGRIÉCHE, MOMIE.

Air : *Ah dam' Cadet disoit Babet,*

PIÉGRIÉCHE.

Ne pleure plus ma chère enfant
Ton amant n'est point inconstant.
Oser en douter un moment,
Lui paroitroit atroce,
Ton pere à cet instant
Commande la noce,

MOMIE.

Même air.

Ah grands dieux, je renais enfin,

PIÉGRIÉCHE.

Ton amant vient d'amour tout plein.

MOMIE.

Malgré mes soupçons à la fin,
Mon bonheur est extrême.

SCENE III.

AGILE, MOMIE, PIEGRIÉCHE, ET CHŒUR

AGILE ET MOMIE.

Je n'ai plus de chagrin
Je vois ce que j'aime.

AGILE.

Air : *Pour voir un peu comment çà f'ra.*

J'amène un divertissement,
Qui je crois pourra vous surprendre,
Et malgré tout l'empressement,
Que je sens d'être époux & gendre,
Assoyez vous toutes deux là
Pour voir un peu comment çà f'ra.
Taritara... allez.

(*Marche & combats d'Ours, différens exercices de Sauteurs, Pirovetteurs, Danseurs, &c.*)

AGILE, *distribue les prix.*

Air : *Le tems passe.*

Toi qui tourne, tourne, tourne,
Comme un toton tourneur sçavant ;
Je te donne un moulin à vent.

Air : *Pour la Baronne.*

Qu'on se prépare } (Bis.)
A montrer son agilité ,
Je donnerai je vous déclare,
Pour prix de la légéreté
Cet oiseau rare.

CHŒUR DE FILLES.

Air : *Il étoit une Fille , une fille d'honneur.*

Les filles de la ville ;
Et celles du fauxbourg ,
Viennent pour vous faire la Cour.
C'est par l'ordre d'Agile ,
Que nous venons ainsi,
Danser, chanter ici.

RITOURNELLE.

Ah le charmant époux,
Il est bien fait pour vous.

Air : *Toujours , il est toujours le même.*

Voyez cet air il est fait tout de même ,
Et l'on croiroit qu'il est de l'Opera ,
Il vous enchantera ,
Sa ressemblance extrême ,
Au lieu de vous fâcher
Ne peut que vous flatter ,
Il est charmant , il est fait tout de même.

(On danse.)

AGILE, *prenant la main à ses gens.*

Air : *J'aime le mot pour rire.*

Chacun s'amuse à sa façon,
La mienne est de danser en rond,
Allons qu'on se démène,
Mes amis donnez moi la main ;
Et reprenez tous ce refrein,
Chantons dansons
Dansons chantons
Célébrons notre Reine. } (*Bis pour le Chœur.*)

I I.

On ne sçauroit trop la fêter,
On ne sçauroit trop répéter,
L'aimable Souveraine ;
Il faut, il faut la réjouir,
Et si cela lui fait plaisir,
Chantons dansons
Dansons chantons
Amusons notre Reine. } *Bis pour le Chœur.*

I I I.

Elle possède esprit bonté,
C'est l'image de la beauté,
L'aimable Souveraine !
Je suis comblé de ses bienfaits,
Mes chers amis, mes seuls souhaits,
C'est de pouvoir,
C'est de sçavoir,
Célébrer notre Reine.

CHŒUR.

Chantons, &c.

I V.

J'ose espérer que sa bonté,
Pardonne si j'ai mal chanté,

Car je n'ai point d'haleine,
Mon cœur pense bien ce qu'il dit,
Mais je voudrois qu'avec esprit,
Il sçut chanter,
Il sçut fêter,
Une aussi grande Reine.

CHŒUR.

Chantons, &c.

CHŒUR, *en canon.*

Air : *Si tu veux charmante Brune.*

AGILE ET MOMIE.

Que nos cœurs se réjouissent,
Que les échos retentissent
Des doux sons
De nos chansons.

PIÉGRIÉCHE & *Chœur.*

Que vos cœurs se réjouissent,
Que les échos retentissent
Des doux sons
De nos chansons.

AGILE.

Je crois, Mademoiselle, qu'il seroit malhonnête de faire attendre plus longtems Monsieur votre pere, partons.

SCÈNE IV.

COCASSE, *en courant*, & *les Acteurs précédens.*

COCASSE.

Air : *Vous m'entendez bien.*

Dut-on me pendre, en vérité
Vous n'irez pas de ce côté.
O ciel ! ô honte ! ô crime !

PIÉGRIÉCHE.

Hé bien.

COCASSE.

Oui, voilà la victime.

PIÉGRIÉCHE.

Je n'y comprends rien.

COCASSE.

Air : *V'là c'que c'est q'd'aller au bois.*

Votre époux attend cet agneau
Là bas tout près du château.
Cache-cache tient un couteau
D'une taille énorme :
Je vous en informe :
Arrangez-vous de votre mieux.

MOMIE, PIÉGRIÉCHE ET AGILE.

Ah ! grands Dieux ! grands Dieux ! grands Dieux !

COCASSE.

Même Air.

Rodomont, pour cacher ſon jeu,
Dit : c'eſt contre mon aveu.
Cache-Cache lui dit : morbleu !
    Vous l'avez promiſe ;
    Et puis il éguiſe
Le couteau pour qu'il coupe mieux.

CHŒUR.

Ah ! grands Dieux ! grands Dieux ! grands Dieux !

CHŒUR DE PEUPLES.

Air : *Menuet.*

Non, non, non, non, non, non, &c.

PIÉGRIÉCHE.

Air : *Tendre baiſer ſur bouche.*

Pour l'égorger, ſon pere la demande,
Et ſes amis n'ont pas le moindre cœur.
Mon cher Monſieur ! je vous la recommande :
Soyez ſon Dieu, ſon ami, ſon vengeur.

II.

MOMIE.

Non, non, Monſieur, n'écoutez pas ma mere.

AGILE.

Je veux, je veux prévenir ce deſſein.

MOMIE.

Mais c'eſt mon pere, à ſes yeux je ſuis chere.

AGILE.

Et le cruel veut vous percer le ſein !

III.

PIÉGRIÉCHE.

Dans vos regards je vois qu'elle est votre âme ;
Vous défendrez les jours de mon enfant :
Elle sera votre petite femme,
Et vous son Dieu, son mari, son amant.

IV.

MOMIE.

Mais, mais, Monsieur...

AGILE.

Je n'écoute personne.

MOMIE.

Sur moi plutôt laissez choir votre main.

PIÉGRIÉCHE, *à Agile.*

Allez toujours, ma fille déraisonne.

AGILE.

Je veux punir ce perfide assassin.

CANON A TROIS.

Air : *La femme entre deux draps.*

PIÉGRIÉCHE.	MOMIE.	AGILE.
O ciel ! écoute-moi.	O ciel ! écoute moi.	O ciel ! amene-moi
Je n'espere qu'en toi.	Dissipe mon effroi.	Cet inhumain sans foi.
Ciel ! sauve-nous	Ciel ! sauve-nous	Que par mes coups,
De ton courroux.	De ton courroux.	Dessus dessous,
O Dieu ! je n'espere qu'en vous.	O Dieu ! je n'espere qu'en vous.	Je le terrasse à mes genoux.

Mais quel plaisir De voir souffrir? Ne peut-on point vous attendrir? Quoi! rien ne pourra vous fléchir, Que de la voir mourir.	Mais quel plaisir De voir souffrir? Ne peut-on point vous attendrir? Ne puis-je autrement vous fléchir? Qu'ai-je fait pour mourir?	Qu'il succombe sous mon bâton, Et qu'il me demande pardon D'avoir osé me faire affront, Et fait rougir Mon front. *(Ils sortent.)*

SCÈNE V.

AGILE, ESTOC.

AGILE.

ESTOC, suis-moi.

ESTOC.

De grâce, possédez-vous : si vous allez vous battre avec son pere, vous la ferez crever de chagrin.

AGILE.

Qui moi?

Air : *Va-t-en voir s'ils viennent, Jean.*

Cours au devant d'elle, cours;
Cours, cours ventre à terre;
Dis que je saurai toujours
Respecter son pere.
Cours au devant d'elle, cours
Ventre à terre, cours, cours.

(Estoc sort.)

SCÈNE VI.

AGILE, RODOMONT.

AGILE.

JUSTEMENT le voilà ; tâchons de nous posséder.

(*RODOMONT parle tout bas.*)

RÉCITATIF OBLIGÉ.

AGILE.

Je sais votre projet horrible ;
Ce sacrifice est incompréhensible.
O ciel ! est-il possible
Que vous soyez si peu sensible ?
Non, rien n'est plus terrible,
Et c'est inexpressible,
Bourreau dont le cœur inflexible....

RODOMONT

Oubliez-vous que je suis respectable ?
Cessez ce ton déraisonnable ;
Il m'est insupportable,
Il est inconcevable
Que vous fassiez le redoutable,
Petit mirmidon méprisable.

AGILE.

Vous faites le caustique ;
Tremblez : si je m'explique
D'un seul geste énergique,
Votre ton ironique
Deviendroit pathétique.

RODOMONT.

RODOMONT.

Air : *Ino met le Domino.*

Ne faites point le taquin,
Ni le mutin ;
Je punis les méchans,
Les insolens.
Je suis bon, je suis doux ;
Mais taisez-vous :
Craignez de me mettre en courroux.

AGILE.

Je suis de mauvaise humeur
Et j'ai du cœur.
Ne croyez pas, Monsieur,
Me faire peur ;
Malgré tous vos discours,
Et vos détours,
Je défendrai ses jours.

RODOMONT.

Allons paix ;
Tous ces caquets
Pourroient bien me mettre en colere.

AGILE.

Non, morbleu,
Non, ventrebleu,
Non, je ne veux pas me taire.

RODOMONT.

Vous faites le raisonneur,
Le tapageur ?
Paix, paix, petit bréteur.

AGILE.

Taisez-vous, vieux radoteur,
Redoutez ma fureur.

RODOMONT.

Ne faites point le taquin, &c.

AGILE.

Air : *Je ne veux pas rire.*

Avant que de percer son sein,
Vous taterez de cette main;
Ce seul mot doit vous suffire.

RODOMONT.

Mais, mais vous voulez donc rire?

AGILE, *pleurant.*

Non, non, je ne veux pas rire, moi;
Non, non, je ne veux pas rire.

(*Il sort.*)

SCÈNE VII.

RODOMONT, *seul.*

Air : *Ça fait toujours plaisir.*

HA, ha, tu me menace ;
Tu fais le fanfaron ;
Ton insolente audace
Va lui porter guignon.

Ta ho, mes gens... ne venez pas.

Air : *Est-il donc vrai, Lucile.*

Sacrifier ma fille,
Cette charmante enfant,
Ma fille si gentille
Et qui promettoit tant.
La voix de la nature
Doit parler à mon cœur.
Mais souffrir une injure
Par un petit breteur !

Air : *Pour me plaire il faut qu'un Amant.*

Que plutôt crevent mes enfans,
Femme, amis, parens,
Et toute la nature ;
Que plutôt crevent mes enfans.

Air : *Dans ma cabane obscure.*

Non, je veux qu'elle vive ;
Non, qu'on tranche ses jours.
L'affreuse perspective,
Les insolens discours,

Dieux ! quelle alternative !
Ma honte ou son trépas !
Je suis sur le qui vive ;
Je veux je ne veux pas.

Air : *Petite, vos talons sont bas.*

Je suis imbécile :
Pour des jours proscrits
Faudroit-il, d'Agile ;
Souffrir les mépris ?
Non, non, que ma fille
Dans l'instant soit...

Air : *Des Folies d'Espagne.*

Ma fille, hélas ! on couperoit ta nuque,
Et ton beau sang rougiroit tes habits.
Ciel ! mes cheveux dressent sous ma perruque.
Quel trouble affreux obscurcit mes esprits.

Air : *Des Pendus.*

Ah ! je tremble & je meurs d'effroi,
Cerbere s'élance après moi.
(*Un chien aboye.*)
On m'annonce au Tenare, on siffle.
(*Sifflet.*)
Odeur de souffre je reniffle :
J'apperçois mes futurs tourmens
Et j'entends des miaulemens.
(*Des chats miaulent.*)

I I.

Des chats & des chauve souris,
Quels hurlemens ! quel train ! quels cris !
Des fourches, des dents & des griffes ;
Les diables ont l'air d'escogriffes ;

Je vois allumer du charbon
Pour me cuire dans un chaudron.

Air : *Si le Roi m'vouloit donner.*

Mais cruelles Déïtés
Ce n'eſt pas ma faute.
Eſt-ce ainſi que vous traitez
Votre nouvel hôte ?
Je ſuivois l'ordre des cieux,
Il faut vous en prendre aux Dieux.
Si c'eſt la faute des Dieux,
Ce n'eſt pas ma faute.

RODOMONT, *parlé bas à Cocaſſe.*

Avec ma garde, Cocaſſe. . . . .
. . . .
. . . . . allez.

Air : *Un jour que j'avois mal chanté.*

Pardonne-moi, ma chere enfant,
Tu vois que je ſuis repentant,
Pardonne-moi, ma chere ;
J'allois ordonner ton trepas.
Hélas ! qu'allois-je faire ? hélas !
Hélas ! qu'allois-je faire ?

II.

L'on m'avoit dit, l'on m'aſſuroit
Que la Lune le demandoit,
Et c'étoit pour lui plaire.
Je me mettois dans de beaux draps.
Helas ! qu'allois-je faire ? hélas !
Hélas ! qu'allois je faire ?

Air : *Ça n'durera pas toujours.*

Toi, Lune sanguinaire,
Qui compte ses repas,
Pour faire bonne chere;
Oh! tu ne l'aura pas.
Non, tu ne l'aura pas. (4 *fois.*)

(*Il s'en va.*)

Fin du second Acte.

ACTE III.

Le Théâtre représente un appartement.

SCENE PREMIERE.

MOMIE, FEMMES, COCASSE.

CHŒUR DE POPULACE *qu'on ne voit pas.*

Air : *Landorleti, landorleta.*

DONNEZ nous la victime
Nous le voulons; (*Bis.*)
Donnez-nous la victime
Et nous l'égorgerons.

MOMIE.

Monsieur Cocasse, on frappe à la porte, voyez qui est ce.

COCASSE.

Allons, Princesse.

MOMIE.

Vous, Mesdemoiselles, allez chez ma mere, vous lui souhaiterez bien le bonsoir de ma part & lui direz que je ne compte pas la voir de sitôt.

(*Les femmes sortent.*)

SCENE II.

AGILE, MOMIE.

AGILE.

Air: *Du Rémouleur.*

Je viens ma Princesse
Pour vous enlever,
Un peu de vitesse
Il faut s'esquiver,
Dans cette canaille
Mon bras fera jour,
D'estoc & de taille
Jusques au Fauxbourg,
Hign, hign, hign, pan, pan, pan,
Dans cette canaille
Je vous ferai jour.

MOMIE.

Air: *Sur le soir en cachette.*

Il faut que chacun meure,
Les jeunes & les vieux,

C'est un mauvais quart d'heure,
Mais c'est l'ordre des Dieux.
De notre belle flamme
Malgré qu'ils soient jaloux,
Je veux en rendant l'âme,
Encor penser à Vous.

AGILE.

Vous dites que vous m'aimez & vous voulez mourir.

MOMIE.

Partez, volez à la victoire, un peu de gloire fait aisément oublier les amours, adieu.

(En lui donnant un souvenir.)

Air : *Jusques dans la moindre chose.*

Conservez dans votre poche
Le souvenir que voilà,
Quelle maudite anicroche!
Qui s'attendoit à cela?
Il faut, contre mon envie,
Vous quitter, ne vous plus voir;
Les Dieux demandent ma vie,
Je leur porte, adieu, bonsoir.

AGILE.

Air : *Frere Andouillard.*

Quoi! vous, mourir!
Non, cela ne peut prendre;
Je veux vous défendre
Et même périr

Afin de vous servir,
Tel qu'un Lion, ou tel qu'une Lione,
Qui ne craint personne,
Et pour ses petits
Brave tous les périls.

Air : *Pour héritage.*

Avec ma hache
Je ferai sans quartier,
Et Cache-Cache
Périra le premier;
Sur ce balourd,
Pour venger mon injure
Oui, l'on m'entendra, je vous jure,
Frapper comme un sourd.

I I.

Si votre pere
Veut mettre le holà,
Dans ma colere,
Il passera par-là,
Oui, sous mes coups,
S'il vient, par aventure,
S'il reçoit une égratignure,
N'accusez que vous.

(*Il s'en va.*)

SCÈNE III.

MOMIE, CHŒUR *qu'on ne voit pas.*

MOMIE.

ECOUTEZ donc, écoutez donc.

CHŒUR.

Air : *Landorleti, Landorleta.*

Donnez-nous la victime,
Nous le voulons, (*Bis.*)
Donnez-nous la victime,
Et nous l'égorgerons.

SCÈNE IV.

PIÉGRIÉCHE, MOMIE ET FEMMES.

PIÉGRIÉCHE.

BARBARES, monstres, tyrans, lions, bourreaux, tigres, loups cervier, léopards, que ne venez-vous l'égorger dans mes bras ! ah ! ma pauvre petite.

MOMIE.

Maman.

PIÉGRIÉCHE.

Ma Momie.

MOMIE.

Puisqu'il faut que je meure, n'allez point vous exposer dans la foule, on abimerai votre robe.

PIÉGRIÉCHE.

Et que m'importe, mes habits, si l'on te tue, je renonce à toute parure, car je veux te suivre.

MOMIE.

Air: *Printemps dans le boccage.*

Vivez pour mon petit frere
Il est gentil & doux,
Il est à la liziere,
Il a besoin de vous.
De ma mort, hélas,
N'allez pas accuser mon pere,
Pour ma mort, hélas,
Maman ne le querellez pas.
Vivez, &c.

CHŒUR.

Air: *Landorleti, landorleta.*

Donnez-nous la victime,
Nous le voulons, (*Bis.*)
Donnez-nous la victime,
Et nous l'égorgerons.

MOMIE.

Je fais attendre tout le monde, si je reste ici cela ne finira pas, d'ailleurs on ne peut rien faire sans moi, adieu ma chere maman, au plaisir.

PIÉGRIÈCHE.

Cruelle, tu veux que.... si.... ah.... oui.... non, ta mere... j'expire... ô ciel... ah! ah! ah!

(*Elle se trouve mal.*)

MOMIE, *donnant un flacon aux femmes.*

Quand vous jugerez à peu près que ce sera fini, vous lui ferez renifler cet *alkerlif volatile fluore.* Adieu, Mesdemoiselles.

SCENE V.

PIEGRIECHE ET SES FEMMES.

PIÉGRIÉCHE, *appellant sa fille.*

MOMIE, Momie, venez ici, Je ne veux pas que vous alliez courir-là. (*Aux femmes qui l'arrêtent.*) Ah! vous m'empêchez de passer, c'est bon, c'est bon, je m'en ressouviendrai. Aye, aye, voilà la colique qui me prend, donnez-moi un fauteuil ou un tabouret. (*Elle s'assied.*)

Air : *Qu'un Conquerant.*

Par quel hazard vois-je d'ici la place ,
Ah ! que de monde , ah ! que de populace ,
Dieux , quel plaisir peut-on prendre à cela ;
Mais on demande qu'est-ce ,
Chacun se presse,
Ah ! la voilà.

II.

Je vois l'autel & le Prêtre imbécile ,
Les bras croisés , son pere est d'un tranquile ,
Son grand air froid me fait bouillir le sang ,
Grands Dieux , est-il possible
D'être insensible
Pour son enfant.

III.

Ainsi qu'a moi , malheureux , c'est ta fille ,
Empêche donc qu'on ne la deshabille ,
Le Prêtre frappe , il lui perce le flanc ,
La fille de ton maître ,
Barbare , traître ,
C'est mon enfant.

IV.

Arrête , arrête , arrête , parricide ,
Tu prends son cœur , & d'un regard avide ,
Tu fais semblant de voir , tu ne vois rien ;
(*A ses femmes.*)
Tenez-moi , car je tombe ,
Ah ! je succombe ,
Tenez-moi bien.

Air : *Branle de Metz.*

Jupiter par un orage
Montre quel est ton pouvoir ,

Fais naître un affreux nuage;
Sur ces gens-là fais pleuvoir;
Soleil, ne fais plus ta ronde
Et retourne à reculons,
Cache toi, que tout le monde,
De la tête & des talons
Soient mouillés, qu'on se morfonde,
Qu'on ne marche qu'à tâtons.

Air: *Pour le sacrifice.*

Ah! ah! ah! ah! ah! ah! ah.

PIÉGRIÉCHE.

Quelle triste chanson se fait entendre, elle me glace l'ame; ah! ma fille, je vole à ton secours.

(*Elle sort.*)

SCÈNE VI.

Le Théâtre représente les champs, un autel au milieu.

(*Marche de Prêtres, de populace, de Soldats, chantans tous à l'unisson l'air ci-dessus.*)

(*Momie est conduite à l'autel pour être sacrifiée.*)

Ah! ah! ah! &c.

CANON.

Air: *Ma chemise.*

Lune, ô Lune, le beau tems nous ennuie,
Tu veux du sang, nous voulons de la pluie.

SCÈNE VII.

AGILE *en entrant arrache Momie de l'autel.*

Air : *Du Tambourin vif.*

GARE, de-là, gare inhumain,
Je protége sa vie,
Ose l'arracher de ma main,
Cruel, je t'en défie.

CHŒUR.

Il faut, il faut nous la rendre,
Tâchons de la prendre,
Tâchons de la prendre. } *Bis.*

SCÈNE VIII.

PIÉGRIÉCHE, AGILE, CACHE-CACHE, CHŒUR.

PIÉGRIÉCHE.

Même air.

Ah ! je te vois, ah ! je te tiens !
Ah ! ma fille ! Ah ! Momie !
Extermine tous ces vauriens
Agile, je t'en prie.

CHŒUR.

Il faut, il faut nous la rendre,
Ou nous allons la prendre. (*Bis.*)

CACHE-CACHE.

Votre emportement sera vain,
La Lune veut sa vie ;
Croyez-moi, cessez tout ce train,
Et rendez nous Momie.

CHŒUR.

faut, il faut nous la rendre,
Ou nous allons la prendre,
Ou nous allons la prendre.
Il faut, &c.

AGILE, PIÉGRIÉCHE.

Non je ne veux pas la rendre
Essayez de la prendre,
Essayez de la prendre.
Non, &c.

SCENE IX, *& derniere.*

Les Acteurs précédens, LA LUNE *descend du Ciel.*

LA LUNE.

Air : *Caron t'appelle, de l'Opéra d'Alceste.*

JE suis la Lune, entends ma voix.

Air : *J'étois malade d'Amour.*

La docilité de l'enfant,
La vertu de la mere,
La violence de l'amant,
La croyance du pere,
Ont appaisé mon ressentiment ;
Je n'ai plus de colere.

Je suis la Lune, &c.

(*La Lune remonte.*)

AGILE, MOMIE, PIÉGRIÉCHE, RODOMONT.

Air : *Le briquet frappe la pierre.*

Vous n'avez plus de rancune,
Ah ! que nous sommes heureux !
Vous nous rendez tous joyeux.
Adieu Madame la Lune ;
Vous allez sans doute aux Cieux,
Pour souper avec les Dieux ? (*Bis.*
Vous n'avez plus de colere

Et plus de ressentimens;
Cent mille remercimens.
Ah ! ah ! ah ! ah !
Ah ! le charmanr caractere !
Ah ! ah ! ah ! ah ! ah ! ah ! ah !
Tout cela n'étoit qu'un jeu ;
Adieu donc, Madame, adieu,
Adieu, adieu, adieu, adieu. (*Bis.*)

AGILE, *avec le* CHŒUR.

Air : *C'étoit le soir, il faisoit noir.*

AGILE.

Le chant guérit de la tristesse.

CHŒUR.

Chantons, chantons.

AGILE.

La danse annonce l'allegresse.

CHŒUR.

Dansons, dansons.

AGILE.

Cette histoire étoit trop tragique.

CHŒUR.

Chantons, chantons.

AGILE.

Et pour la rendre plus comique.

CHŒUR.

Danſons, danſons,
Chantons, danſons,
Danſons, chantons,
Et pour la rendre plus comique,
Sautons, danſons,
Danſons, ſautons.

AGILE.

Air : *Charmante fleure.*

Charmant Amour tu fais toujours des tiennes,
Jamais amant ne va droit à ſon but,
Tous nos plaiſirs ſont précédés de peines,
Tous les humains t'ont payés ce tribut.

Lorſque la foudre embrâſe l'athmoſphere,
Un trouble affreux agite nos eſprits ;
Phœbus reluit, la paix renaît ſur terre,
Et des beaux jours nous connoiſſons le prix.

De l'Univers tel eſt la loi ſuprême,
Nous raiſonnons, nature à l'aſcendant ;
Nos foibles cœurs ſont tous paitris de même,
Un rien nous rend gai, triſte, doux, méchant.

Un divertiſſement général termine l'Opéra.

FIN.

www.ingramcontent.com/pod-product-compliance
Lightning Source LLC
LaVergne TN
LVHW011956160826
845678LV00002B/573

* 9 7 8 2 3 2 9 6 8 2 5 4 9 *